Nossa Senhora da Penha

Elam de Almeida Pimentel

Nossa Senhora da Penha

Invocada para a saúde dos entes queridos

Novena e ladainha

EDITORA VOZES

Petrópolis

© 2012, Editora Vozes Ltda.
Rua Frei Luís, 100
25689-900 Petrópolis, RJ
Internet: http://www.vozes.com.br
Brasil

Todos os direitos reservados. Nenhuma parte desta obra poderá ser reproduzida ou transmitida por qualquer forma e/ou quaisquer meios (eletrônico ou mecânico, incluindo fotocópia e gravação) ou arquivada em qualquer sistema ou banco de dados sem permissão escrita da editora.

Diretor editorial
Frei Antônio Moser

Editores
Aline dos Santos Carneiro
José Maria da Silva
Lídio Peretti
Marilac Loraine Oleniki

Secretário executivo
João Batista Kreuch

Editoração: Fernando Sergio Olivetti da Rocha
Projeto gráfico: Sheilandre Desenv. Gráfico
Capa: Omar Santos

ISBN 978-85-326-4412-1

Editado conforme o novo acordo ortográfico.

Este livro foi composto e impresso pela
Editora Vozes Ltda.

Sumário

1 Apresentação, 7

2 Histórico da devoção a Nossa Senhora da Penha, 9

3 Novena de Nossa Senhora da Penha, 15

    1º dia, 15
    2º dia, 16
    3º dia, 18
    4º dia, 19
    5º dia, 20
    6º dia, 21
    7º dia, 22
    8º dia, 23
    9º dia, 24

4 Oração a Nossa Senhora da Penha, 27

5. Ladainha de Nossa Senhora da Penha, 29

Apresentação

Nossa Senhora da Penha ou Nossa Senhora da Penha de França é um dos nomes que recebe Maria, Mãe de Jesus, que apareceu a Simão Vela, no norte da Espanha, numa serra chamada Penha de França.

No Brasil a devoção a Nossa Senhora da Penha veio com os portugueses. Nossa Senhora da Penha é a protetora da cidade de São Paulo e, no Rio de Janeiro, a Festa de Nossa Senhora da Penha tornou-se famosa e é a solenidade religiosa mais popular. Os devotos sobem os 365 degraus que levam à igreja para agradecer alguma graça alcançada ou para pedir algo para eles ou conhecidos. Nossa Senhora da Penha é festejada em 8 de abril.

Este livrinho contém o histórico da devoção a Nossa Senhora da Penha, sua novena, oração e ladainha. Apresenta também breves passagens bíblicas e dos evangelhos, seguidas de uma oração para o pedido da graça especial, acompanhada de um Pai-nosso, uma Ave-Maria e um Glória-ao-Pai.

Histórico sobre a devoção a Nossa Senhora da Penha

Segundo a tradição, por volta de 1434 um monge francês, Simão, sonhou com uma imagem de Nossa Senhora que lhe apareceu no topo de escarpada montanha, cercada de luz e acenando para que ele fosse procurá-la. Simão, por cinco anos, procurou pela montanha, até que um dia teve indicação de sua localização em sonho e para lá se dirigiu. Após três dias de intensa caminhada, cansado e, segundo ele, ouvindo a advertência: "Simão, vela e não durma" (pelo que passou a ser conhecido por Simão Vela), escalando muito e parando para descansar, ele viu, sentada perto dele, uma formosa senhora com o filho ao colo, que lhe indicou o lugar onde encontraria o que procurava. Auxiliado por alguns pastores da região, conseguiu achar a imagem que avistara em sonho.

Construiu Simão Vela uma ermida nesse local, que se tornou célebre pelo grande número de milagres alcançados por intermédio de Nossa Senhora da Penha, e, mais tarde, ali foi construído um santuário, e a devoção a Nossa Senhora da Penha foi muito propagada.

Em Portugal o culto de Nossa Senhora da Penha iniciou-se após a batalha na qual o rei Dom Sebastião morreu. Entre os portugueses que conseguiram escapar da escravidão muçulmana encontrava-se um escultor chamado Antonio Simões, o qual prometeu à Virgem Santíssima fazer sete imagens se ela o conduzisse novamente à sua pátria. Alcançando a graça solicitada iniciou o trabalho, esculpindo as imagens e dando-lhes títulos por ele conhecidos de Nossa Senhora. Ao chegar à sétima imagem e não sabendo que invocação dar-lhe, foi aconselhado por um padre jesuíta a fazer-lhe à imagem de Nossa Senhora da Penha, cujos milagres estavam sendo muito comentados. Executada a obra, colocou-a na ermida de Vitória, mas, algum tempo depois, edificou-lhe uma igreja próxima a Lisboa, que se tornou conhecida como "Penha de França".

Naquela época uma peste assolou Portugal e, como a Espanha se livrara do flagelo graças à intervenção de Nossa Senhora da Penha de França, o Senado da Câmara de Lisboa prometeu a Nossa Senhora construir um grandioso templo se ela livrasse a cidade da moléstia. Extinguiu-se a epidemia quase que imediatamente e um santuário foi construído.

Este santuário passou a atrair milhares de peregrinos e, em certa ocasião, um devoto, tendo subido ao alto da montanha, cansado, adormeceu. Quando uma cobra aproximou-se para picá-lo, um lagarto saltou sobre ele, despertando-o a tempo de matar a cobra com o seu bastão. Essa é a razão pela qual a imagem de Nossa Senhora da Penha tem, aos pés, um peregrino, a cobra e o lagarto.

No Brasil a devoção a Nossa Senhora da Penha veio com os portugueses, e a primeira igreja em sua honra foi erguida em Vila Velha, Espírito Santo. Em São Paulo, Nossa Senhora da Penha é a protetora da cidade. Segundo a tradição, um viajante francês seguia de Piratininga para o Norte, levando em sua bagagem uma imagem de Nossa Senhora da Penha de França. Ao passar pelo morro chamado Aricanduva parou para descansar. Ao continuar o trajeto, no dia seguinte, notou a falta da santa. Voltou para procurá-la e foi encontrá-la no alto do morro de Aricanduva. Guardou a imagem e prosseguiu a viagem, mas, ao parar novamente para descansar, de novo notou a falta da imagem, que foi encontrada outra vez em Aricanduva. Como este fato se repetiu por mais vezes, ele, vendo nisso uma vontade divina, ergueu no local uma capela.

Mais tarde um padre, filho de um dos primeiros habitantes de São Paulo, transferiu a imagem e a capela para o alto do morro, onde se encontra a secular matriz da Penha, tornando-se Nossa Senhora da Penha a protetora da cidade de São Paulo e, em sua igreja, muitos ex-votos estão presentes.

No Rio de Janeiro a Festa de Nossa Senhora da Penha tornou-se famosa e é a solenidade religiosa mais popular. Os devotos sobem os 365 degraus que levam à igreja para agradecer alguma graça alcançada ou para pedir algo para eles ou conhecidos. Nossa Senhora da Penha é festejada em 8 de abril.

Novena de Nossa Senhora da Penha

1º dia

Iniciemos com fé este primeiro dia de nossa novena, invocando a presença da Santíssima Trindade: em nome do Pai, do Filho e do Espírito Santo. Amém.

Leitura do Evangelho: Mt 9,20-22

> Nisso, uma mulher, que há doze anos sofria de hemorragia, achegou-se por trás e lhe tocou a borda do manto. Pois ela pensava: Se eu ao menos tocar o manto dele, ficarei curada. Jesus virou-se e, vendo-a, disse: "Filha, tem confiança, a tua fé te curou". E naquele momento a mulher ficou curada.

Reflexão

Esta passagem evangélica mostra como podemos ajudar em nossa cura através da esperança, do otimismo. O pessimista agrava a enfermidade e retarda a cura. Fé e confiança em Deus, pois Jesus tudo pode, e Ele mesmo mandava os doentes terem fé quando estes pediam "cura": "[...] Tem confiança, a tua fé te curou".

Oração

Nossa Senhora da Penha, Virgem poderosa, coloco-me diante de vós e de vosso amado Filho, com esperança e muita fé, suplicando o alcance da graça de que tanto necessito... (fazer o pedido).

Pai-nosso.

Ave-Maria.

Glória-ao-Pai.

Nossa Senhora da Penha, intercedei por nós.

2º dia

Iniciemos com fé este segundo dia de nossa novena, invocando a presença da Santíssima Trindade: em nome do Pai, do Filho e do Espírito Santo. Amém.

Leitura bíblica: Gl 6,2

> Carregai o peso uns dos outros e assim cumprireis a Lei de Cristo.

Reflexão

Vamos ajudar quem necessita. Às vezes alguém está desanimado, sem saber como sair de uma situação. Vamos estender a mão para estas pessoas e ajudá-las a encontrar uma saída para seus problemas.

Oração

Nossa Senhora da Penha, mãe querida, lançai sobre nós vosso olhar bondoso e inflamai nossos corações para prestar ajuda às pessoas mais necessitadas. Socorrei-me neste momento crucial de minha vida... (falar a situação problemática que está enfrentando), alcançando-me a graça de que tanto necessito... (fazer o pedido).

Pai-nosso.

Ave-Maria.

Glória-ao-Pai.

Nossa Senhora da Penha, intercedei por nós.

3º dia

Iniciemos com fé este terceiro dia de nossa novena, invocando a presença da Santíssima Trindade: em nome do Pai, do Filho e do Espírito Santo. Amém.

Leitura do Evangelho: Mt 5,7

Felizes os misericordiosos, porque alcançarão misericórdia.

Reflexão

Cada pessoa tem a sua história. Não se deve julgar ninguém e sim ter caridade para com o próximo. E, com os mais infelizes, mais misericórdia se deve ter.

Oração

Ó gloriosa Nossa Senhora da Penha, intercedei por mim, alcançando-me a graça de perseverar na fé, na bondade e na caridade. Alcançai-me a graça de que tanto necessito... (fazer o pedido).

Pai-nosso.

Ave-Maria.

Glória-ao-Pai.

Nossa Senhora da Penha, intercedei por nós.

4º dia

Iniciemos com fé este quarto dia de nossa novena, invocando a presença da Santíssima Trindade: em nome do Pai, do Filho e do Espírito Santo. Amém.

Leitura bíblica: 1Jo 1,5

Deus é luz, nele não há trevas.

Reflexão

Por mais escuro que esteja este mundo, por mais trevas que existam em nossas vidas, devemos lembrar que somos filhos de Deus, e Deus é luz, e assim podemos ser um pouquinho de luz também e ajudar nossos semelhantes. A mensagem bíblica deixa claro que Deus é luz e nele não há trevas.

Oração

Nossa Senhora da Penha, luz nossa. Em vossas mãos e nas de vosso amado Filho, entrego minha vida pedindo que fortaleça minha fé, dissipando com a vossa luz todas as trevas do meu coração. Socorrei-me para o alcance da graça de que tanto necessito... (falar a graça que se deseja).

Pai-nosso.

Ave-Maria.

Glória-ao-Pai.

Nossa Senhora da Penha, intercedei por nós.

5º dia

Iniciemos com fé este quinto dia de nossa novena, invocando a presença da Santíssima Trindade: em nome do Pai, do Filho e do Espírito Santo. Amém.

Leitura bíblica: 1Cor 15,10

> [...] mas pela graça de Deus sou o que sou [...].

Reflexão

Sem a graça de Deus nada podemos. Assim, acreditando é que podemos manter o amor e a fé, mesmo nas horas difíceis da vida. É fácil sorrir, ficar alegre quando tudo está bem, mas é difícil manter a esperança no meio de tribulações. Só com a graça divina é que conseguimos.

Oração

Nossa Senhora da Penha, mãe da graça, a vós recorro, neste difícil momento de minha vida, suplicando o alcance da graça de que tanto necessito... (fazer o pedido). Suplico também seu amparo para ter cada vez mais fé e esperança em vós e em vosso amado Filho.

Pai-nosso.

Ave-Maria.

Glória-ao-Pai.

Nossa Senhora da Penha, intercedei por nós.

6º dia

Iniciemos com fé este sexto dia de nossa novena, invocando a presença da Santíssima Trindade: em nome do Pai, do Filho e do Espírito Santo. Amém.

Leitura bíblica: Js 1,9

Não te ordenei que sejas forte e corajoso? Não temas e nem te acovardes, pois o Senhor teu Deus estará contigo por onde quer que andes.

Reflexão

Deus sempre está conosco, fortalecendo-nos e ajudando. Por isso, não tem sentido sentirmos medo perante problemas, aflições que nos perturbem. Oremos, conversando com Jesus e entregando nossas vidas para Ele.

Oração

Nossa Senhora da Penha, mãe consoladora, escutai minhas dores, acolhei-me neste momento e intercedei junto a Jesus para o alcance da graça que a vós suplico... (falar a graça que se deseja alcançar).

Pai-nosso.

Ave-Maria.

Glória-ao-Pai.

Nossa Senhora da Penha, intercedei por nós.

7º dia

Iniciemos com fé este sétimo dia de nossa novena, invocando a presença da Santíssima Trindade: em nome do Pai, do Filho e do Espírito Santo. Amém.

Leitura bíblica: Sl 4,9

Em paz me deito e logo adormeço, porque, Senhor, só Tu me fazes repousar em segurança.

Reflexão

Dorme tranquilo quem tem a consciência em paz, quem diz a verdade, quem é justo, não explora ninguém, enfim, quem segue os ensinamentos de Jesus.

Oração

Nossa Senhora da Penha, protetora nossa, ajudai-me a não me afastar dos ensinamentos de Jesus e socorrei-me nesta hora de tanta aflição... (falar a situação que está vivendo e pedir a graça).

Pai-nosso.

Ave-Maria.

Glória-ao-Pai.

Nossa Senhora da Penha, intercedei por nós.

8º dia

Iniciemos com fé este oitavo dia de nossa novena, invocando a presença da Santíssima Trindade: em nome do Pai, do Filho e do Espírito Santo. Amém.

Leitura do Evangelho: Mc 9,23

[...] Tudo é possível para quem tem fé.

Reflexão

O Evangelista Marcos nesta passagem bíblica nos mostra o poder da fé, o poder de Deus e seu amor. Acreditemos nisso e não nos deixaremos vencer pelo desânimo.

Oração

Nossa Senhora da Penha, vós que sempre ajudastes os que a vós recorrem com fé, suplico-vos com fervor a graça... (pedir a graça) de que tanto necessito. Ajudai-me a viver na paz e na graça de Deus. Amém.

Pai-nosso.

Ave-Maria.

Glória-ao-Pai.

Nossa Senhora da Penha, intercedei por nós.

9º dia

Iniciemos com fé este nono dia de nossa novena, invocando a presença da Santíssima Trindade: em nome do Pai, do Filho e do Espírito Santo. Amém.

Leitura do evangelho: Jo 14,6

Eu sou o caminho, a verdade e a vida. Ninguém vem ao Pai senão por mim.

Reflexão

Ter fé é aceitar Deus como Pai, é crer em sua Palavra e nele confiar. É seguir os ensinamentos de Jesus, Filho de Deus, acreditando que nossa salvação está nele.

Oração

Nossa Senhora da Penha, mãe amada e poderosa, vinde em meu socorro, pois muito necessito de vós, especialmente neste momento difícil... (falar o que está acontecendo e pedir a graça a ser alcançada). Ensinai-me, vos peço, a praticar o bem, promover a paz, seguindo sempre os ensinamentos de Jesus.

Pai-nosso.

Ave-Maria.

Glória-ao-Pai.

Nossa Senhora da Penha, intercedei por nós.

Oração a Nossa Senhora da Penha

Ó Maria Santíssima, Senhora da Penha, em cujas mãos Deus depositou os tesouros das suas graças e favores, eis-me repleto(a) de esperança, solicitando com humildade a graça de que hoje necessito... (fazer o pedido).

Recordai-vos, ó Senhora da Penha, que nunca se ouviu dizer que alguma das pessoas que em vós têm depositado toda a sua esperança tenha deixado de ser atendida, ó boa mãe. A vós recorro, solicitando vosso consolo e suplicando pelo alcance da graça de que tanto necessito. Amém.

Ladainha de Nossa Senhora da Penha

Senhor, tende piedade de nós.
Jesus Cristo, tende piedade de nós.
Senhor, tende piedade de nós.

Deus Pai Celestial, tende piedade de nós.
Deus Filho Redentor do mundo, tende piedade de nós.
Deus Espírito Santo, tende piedade de nós.
Santíssima Trindade, que sois um só Deus, tende piedade de nós.

Santa Maria, rogai por nós.
Nossa Senhora da Penha, mãe de Jesus, rogai por nós.
Nossa Senhora da Penha, mãe da misericórdia, rogai por nós.

Nossa Senhora da Penha, mãe da esperança, rogai por nós.

Nossa Senhora da Penha, mãe da graça, rogai por nós.

Nossa Senhora da Penha, mãe poderosa, rogai por nós.

Nossa Senhora da Penha, mãe imaculada, rogai por nós.

Nossa Senhora da Penha, mãe querida, rogai por nós.

Nossa Senhora da Penha, mãe do céu, rogai por nós.

Nossa Senhora da Penha, mãe piedosa, rogai por nós.

Nossa Senhora da Penha, mãe da paz, rogai por nós.

Nossa Senhora da Penha, mãe do amparo, rogai por nós.

Nossa Senhora da Penha, consoladora dos aflitos, rogai por nós.

Nossa Senhora da Penha, protetora contra as epidemias, rogai por nós.

Nossa Senhora da Penha, protetora dos enfermos, rogai por nós.

Nossa Senhora da Penha, auxiliadora nos momentos de aflição, rogai por nós.

Cordeiro de Deus, que tirais o pecado do mundo, rogai por nós.
Cordeiro de Deus, que tirais o pecado do mundo, atendei-nos, Senhor.
Cordeiro de Deus, que tirais o pecado do mundo, tende piedade de nós.

Jesus Cristo, ouvi-nos.
Jesus Cristo, atendei-nos.

Rogai por nós, Nossa Senhora da Penha, para que sejamos dignos das promessas de Cristo.

CULTURAL

CATEQUÉTICO PASTORAL

TEOLÓGICO ESPIRITUAL

REVISTAS

PRODUTOS SAZONAIS

VOZES NOBILIS

VOZES DE BOLSO

CADASTRE-SE
www.vozes.com.br

EDITORA VOZES LTDA.
Rua Frei Luís, 100 – Centro – Cep 25689-900 – Petrópolis, RJ
Tel.: (24) 2233-9000 – Fax: (24) 2231-4676 – E-mail: vendas@vozes.com.br

UNIDADES NO BRASIL: Aparecida, SP – Belo Horizonte, MG – Boa Vista, RR – Brasília, DF
Campinas, SP – Campos dos Goytacazes, RJ – Cuiabá, MT
Curitiba, PR – Florianópolis, SC – Fortaleza, CE – Goiânia, GO – Juiz de Fora, MG
Londrina, PR – Manaus, AM – Natal, RN – Petrópolis, RJ – Porto Alegre, RS
Recife, PE – Rio de Janeiro, RJ – Salvador, BA – São Luís, MA – São Paulo, SP
UNIDADE NO EXTERIOR: Lisboa – Portugal